W0319168

Ce cahier appartient à :

Printed in France by Amazon
Brétigny-sur-Orge, FR

17515797R00063